THiLO

Die Dschungelfreunde

Illustriert von Alexander Bux

www.leseloewen.de

ISBN 978-3-7855-8421-7
1. Auflage 2017
© Loewe Verlag GmbH, Bindlach 2017
Illustrationen: Alexander Bux
Umschlaggestaltung: Ramona Karl
Reihenlogo: nach einem Entwurf
von Angelika Stubner
Printed in Italy

www.loewe-verlag.de

Inhalt

Wer hat die Kokosnuss geklaut?

„Suki, wo bist du?“, schallt es

durch den . Suki, der

kleine , steht mit Jimmy

und Mambo im . Suki hebt

den . Das war doch Mama ,

die da gerufen hat. Suki soll sicher

endlich ins gehen.

Dabei möchte er viel lieber

weiterspielen. „Noch nicht!", ruft er

leise zurück. „Jimmy, Mambo und

ich bauen gerade eine  !"

„Suki!", ruft Mama  noch einmal.

Es klingt sehr ungeduldig.

„Tschüss, !", verabschiedet

sich Suki geknickt. „Morgen treffen

wir uns wieder hier." Dann hüpft

er von  zu . Tatsächlich:

Über dem  geht schon

die unter.

Auf dem größten  hockt

Mama . Aus  hat sie ein

gemütliches  gebaut. „Warum

muss ich schon ins ?", mault

Suki. „Jimmy und Mambo dürfen

auch noch spielen!"

Mama  gähnt. „Wenn du still

bist, bekommst du ein !",

schnauft sie müde. Schnell hält

Suki sich die  vor den 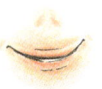.

„Waff ifft eff denn?", will er wissen.

Mama  drückt ihm etwas gegen

den . Es ist hart und hat

viele . „Eine !", jubelt

Suki. Er liebt ! „Die esse

ich gleich auf!" Aber Mama

schüttelt den .

„Im 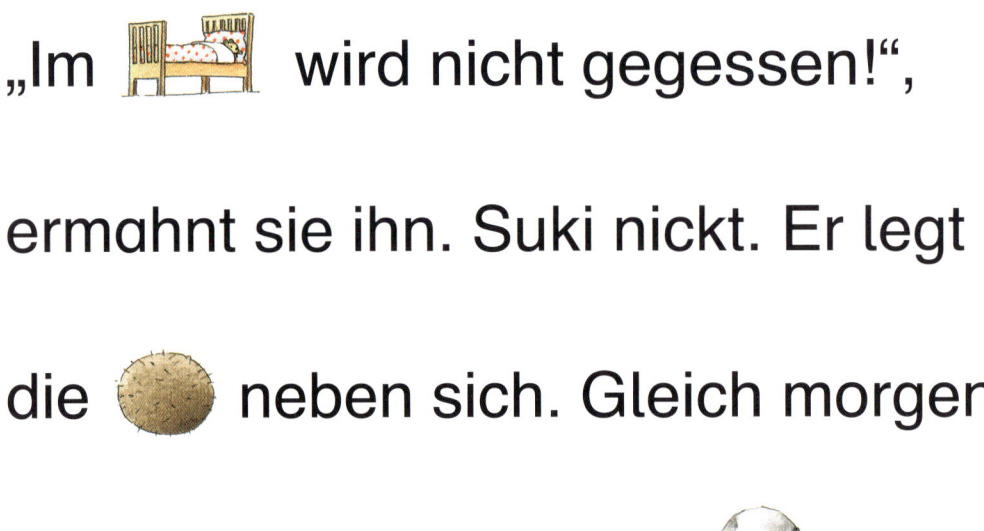 wird nicht gegessen!",

ermahnt sie ihn. Suki nickt. Er legt

die  neben sich. Gleich morgen

früh will er sie mit einem

öffnen! Die ganze hindurch

träumt Suki von der .

Doch als er aufwacht, ist

die ⬤ verschwunden. Er

sucht das ganze 🪹 ab. Aber

sein 🎁 ist weg. Suki hangelt

sich den 🌳 hinunter und holt

seine 🐘 .

„Wer hat die  geklaut?",

fragt er Jimmy, den , und

Mambo, den . „Das finden

wir heraus!", glaubt Jimmy. Und

Mambo nickt.

Die ersten Spuren

„Der  muss am

hochgeklettert sein", vermutet

Suki. Also sehen sich die

drei  den genau an.

„Da!", ruft Mambo plötzlich. Mit

seinem langen deutet er auf

einen .

Er hat ein schwarzes

gefunden. „Das ist nicht vom  !",

ruft Suki. „Ich habe schwarze  !"

Da packt Mambo ihn am  und

hebt den  hoch. „Ich will nur

ganz sichergehen", sagt er.

Dann schüttelt er Suki neben

seinem riesigen  . „Nichts zu

hören", schnauft Mambo. „Du

hast die  also nicht selbst

runtergeschluckt." Vorsichtig stellt

er Suki wieder im  ab.

„Natürlich nicht!", beschwert sich

der  . „Sonst täte mir doch

der weh!" Aber dann

schnüffelt er an dem herum.

Es riecht nicht nach Suki. Und

auch nicht nach Mama .

„Es riecht gefährlich!", findet

der . Und Mambo nickt.

„Hierher!", piepst da Jimmy.

Mambo und Suki wollen gleich zu

ihm flitzen. Aber wo ist der

bloß?

„Hier unten!", ruft Jimmy aufgeregt.

„Mambo ist fast auf mich

draufgetreten!" Der  geht

einen  zurück. Da endlich

entdeckt er Jimmy. Er hockt vor

einem grünen .

„Jimmy, du bist einfach zu klein",

schimpft Mambo. „Was hast

du denn gefunden?", will Suki

wissen. Jimmy rollt mit den  .

„Das  hier ist platt getreten",

verrät der  .

„Und da an der  hängt wieder

ein schwarzes ⌇.“ Suki denkt

nach. „Hmmm, dann kann es nicht

Mambo gewesen sein", murmelt

der . „Ich glaube, wir sind

dem  auf den  !"

Da packt Mambo ihn schon wieder.

„Nicht mehr schütteln!", bittet Suki.

Doch der  setzt den  auf

seinen . Und den  auch.

„So kommen wir schneller durch

den  !", brummt Mambo.

Dann rennt er los. Mit dem

langen  kann der  sehr

gut riechen. Dafür muss er gar

nicht stehen bleiben. Mambo läuft

durch den halben  .

Dann hält er an. „Hier riecht es

sehr, sehr gefährlich", grummelt er.

„Wir müssen dem  ganz nahe

sein." Suki schluckt. Alles ist voll

von schwarzen  . Einen

zu jagen, ist irre spannend.

Alleine würde sich der kleine

das sicher nicht trauen. Aber seine

besten  sind ja bei ihm.

Ob Suki seine  wohl

wiederbekommt?

Auf der Lauer

„Wir verstecken uns und warten

auf den !", schlägt Jimmy

vor. „Aber ihr müsst euch besser

tarnen." Mambo knickt ein paar

junge um. Daraus baut er

eine . Dann legen sie sich

hinein und sind still wie die .

Schon bald raschelt etwas.

Eine  windet sich

durchs  . „Die ist der  !",

zischt Jimmy. „Eine  ist sehr

gefährlich!" Doch Mambo schüttelt

den  .

„Aber eine  hat keine

schwarzen  ", erinnert er

den . „Die hat die

nicht geklaut." Also warten sie

weiter. Dann raschelt wieder

etwas.

Ein  wühlt sich durch

den . „Das ist der !", zischt

Suki. „Ein hat schwarze !

Und wenn man ihn ärgert, kann er

sehr gefährlich werden." Mambo

nickt.

„Aber ein  mag keine ",

weiß Jimmy es besser. „Der hat

die  nicht geklaut." Die

drei  warten und warten.

„Lasst uns zurückgehen", sagt

Suki und gähnt.

„Der  ist mit meiner

längst über alle ." Da raschelt

wieder etwas. Ein kleiner

tapst durch die . „Der hat

schwarze und kann klettern",

flüstert Suki.

„Aber der ist nicht gefährlich. Das

ist ja noch ein !" Da springt

plötzlich ein zweiter aus

dem . Er ist groß und sehr

gefährlich. „Das ... das ist

der ...", stammelt Suki leise.

Mambo und Jimmy nicken. Der

kratzt sich am . „Aber ein

frisst auch keine !", fällt

ihm ein. Da sieht er, wie der

große  die  aus einem

hohlen  holt.

„Ich habe ein  für dich",

knurrt er seinem  zu. „Weil

du immer so alleine bist." Der

kleine  freut sich sehr.

„Ein !", jubelt das  .

Sofort tobt der kleine  mit der 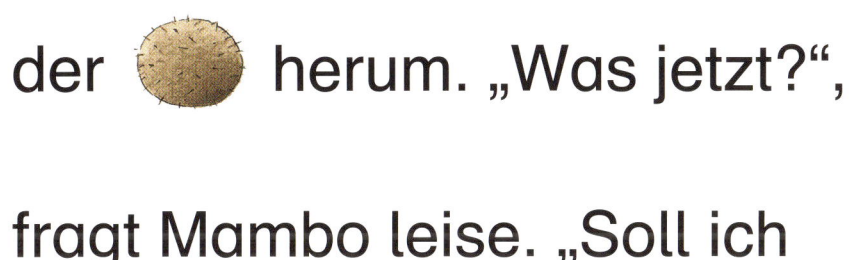 herum. „Was jetzt?",

fragt Mambo leise. „Soll ich

die 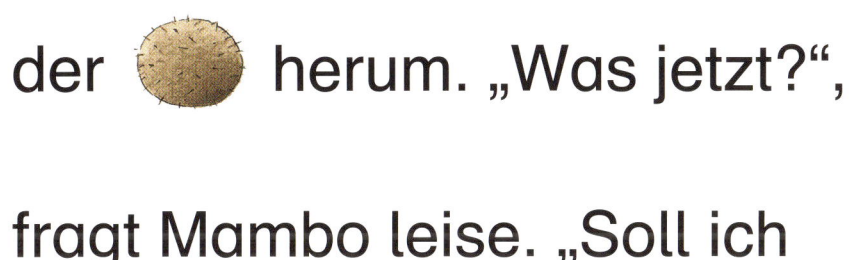 holen?" Suki überlegt

nur kurz. „Lieber nicht", beschließt

er dann. „Der kleine 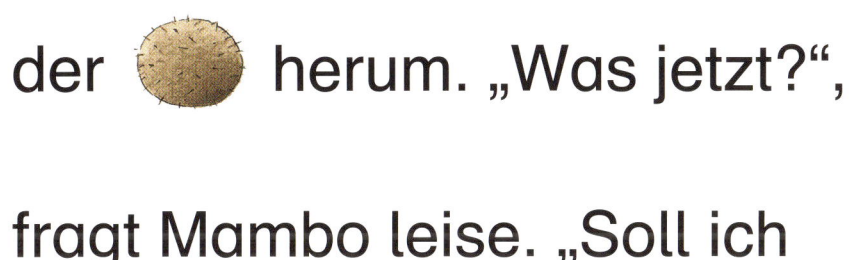 kann

doch sonst gar nicht mehr spielen."

Er umarmt seine . „Und ich

habe ja euch", flüstert der .

„Morgen bauen wir weiter an

unserer . Vielleicht finden

wir dabei auch eine neue !"

Die Wörter zu den Bildern:

 Urwald

 Freunde

 Affe

 Ast

 Gecko

 Sonne

 Elefant

 Baum

 Bach

 Blätter

 Kopf

 Nest

 Bett

 Geschenk

 Brücke

 Hand

 Mund

 Bein

 Bauch

 Ohr

 Haare

 Gras

 Kokosnuss

 Schritt

 Stein

 Blatt

 Nacht

 Augen

 Dieb

 Blume

 Baumstamm

 Fersen

 Rüssel

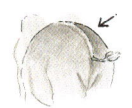 Rücken

 Höhle

 Berge

 Mäuse

 Panther

 Schlange

 Baby

 Pandabär

 Ball

 Busch

Die ersten 20 Lebensjahre verbrachte **THiLO** in der Kinderecke der elterlichen Buchhandlung. Heute lebt er mit seiner Familie in Mainz und schreibt neben seinen Romanen auch Drehbücher fürs Fernsehen. Mehr über THiLO und seine Geschichten erfahrt ihr im Internet unter www.thilos-gute-seite.de.

Alexander Bux, 1970 in Augsburg geboren, war als Kind leidenschaftlicher Monster- und Drachenmaler. Er hat Grafikdesign mit den Hauptfächern Illustration und Typografie studiert. Jetzt lebt er mit seiner Familie in Hamburg und illustriert mit großer Freude Kinderbücher.

Lesen lernen mit STICKERN

**Lesen lernen ist nicht schwer.
Mit Stickern macht es richtig Spaß!**

- Drei spannende Geschichten zum Vor- und Mitlesen
- Viele schöne Malseiten
- Tolle Sticker, mit denen sich Fragen zum Text beantworten und lustige Rätsel lösen lassen

ISBN 978-3-7855-8390-6

ISBN 978-3-7855-8391-3

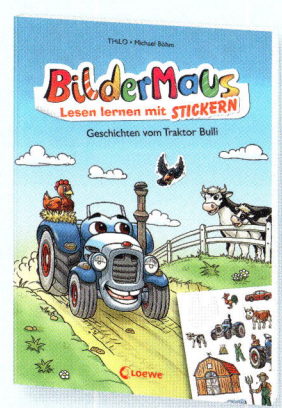

ISBN 978-3-7855-8392-0

ISBN 978-3-7855-8393-7

ISBN 978-3-7855-8394-4

ISBN 978-3-7855-8395-1